Simone Beck

VOGEL FREUNDE

Das Familienbastelbuch rund um unsere gefiederten Nachbarn

INHALT

with love
HAPPY BIRD

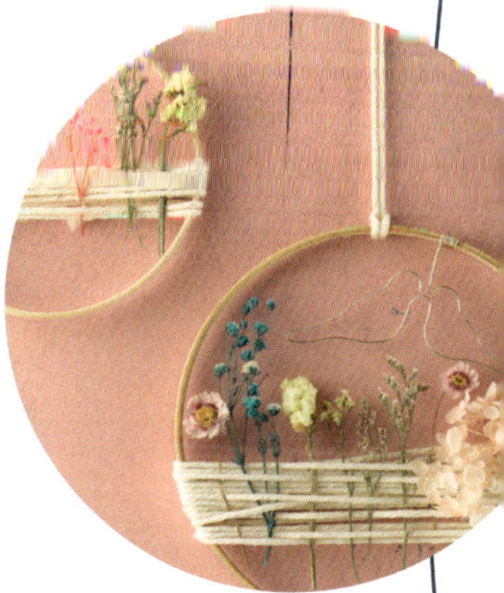

Vorwort

Sie sind flink, gewitzt, farbenprächtig, musikalisch, vielseitig talentiert und allgegenwärtig – unsere gefiederten Begleiter flattern uns im Alltag ständig über den Weg. Mit fröhlichem Gezwitscher und melodischem Gesang kündigen sie den Frühling an oder wecken uns am Morgen mit den ersten Sonnenstrahlen. Auch im Winter besuchen sie unsere Gärten und Futterstellen und im Herbst können wir sie dabei beobachten, wie sie in Scharen Richtung Süden ziehen. Sie begleiten uns so selbstverständlich das ganze Jahr über, dass wir manchmal vergessen, wie wunderbar sie sind und dass sie auf unsere Hilfe angewiesen sind.

Tauche hinein in die Welt der Vögel und entdecke zahlreiche Tipps, wie du ihnen schon mit einfachen Mitteln helfen kannst. So wirst du viele dankbare Abnehmer finden, wenn du unseren tschilpenden Freunden ein kleines Vogelhaus baust oder nahrhafte Leckerbissen in den Garten hängst. Und auch dein Zuhause kannst du ganz einfach mit deinen Lieblings-Vogelmotiven dekorieren!

Begib dich auf eine spannende Reise in die heimische Vogelwelt und lass dich von zahlreichen Ideen rund um unsere geliebten Piepmätze inspirieren!

Simone Bock

VOGEL-FUNFACTS

1

Einige Amselmännchen sind besonders hart im Nehmen. **Amseln** sind ‚Teilzieher', was bedeutet, dass manche in den Süden ziehen und andere einen Winter hier in der Kälte bevorzugen. Die Hiergebliebenen haben einen guten Grund dafür: Sie können sich so die besten Reviere sichern, und damit auch die attraktivsten Weibchen für sich gewinnen. All diejenigen, die in wärmere Gefilde ausgeschwärmt sind, haben dann das Nachsehen und müssen nehmen, was übrig bleibt.

2

Die **Kohlmeise** ist neben den Amseln vermutlich am zahlreichsten im Garten zu finden. Entdeckt sie hier keinen geeigneten Brutplatz, kann es sein, dass sie sich in deinem Briefkasten häuslich einrichtet!

3

Wusstest du, dass **Kohlmeisen** Schlangenlaute nachahmen können? Nähern sich Nesträuber ihrer Brutstelle, schlagen sie die Eindringlinge mit lautem Zischen und Fauchen in die Flucht!

4

Kein Vogel liefert mit seinem Namen so viele Redewendungen wie der **Spatz**: ‚Spatzenhirn', ‚mit Kanonen auf Spatzen schießen', ‚besser der Spatz in der Hand, als die Taube auf dem Dach'. Der Begriff ‚Dreckspatz' ist wohl entstanden, weil dieser kleine Piepmatz so gerne im Sand badet. Was er wohl davon hält?

GRUNDLAGEN

Material und Werkzeug

Folgende Gegenstände sind nützliche Helfer, die du an deinem Arbeitsplatz immer griffbereit haben solltest.

Wenn du wie ein Profi unterwegs sein möchtest, verwendest du am besten je nach Material unterschiedliche Scheren. Für alle Arbeiten mit Textilien oder Fäden bietet sich eine spezielle Stoffschere an. Arbeitest du lieber mit Papier, wechsle zu einer Papierschere. Diese werden allerdings schnell stumpf, wenn man sie auch noch für andere Zwecke bzw. Materialien nutzt.

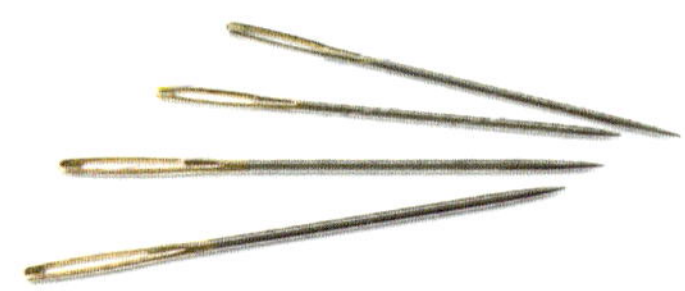

Besonders als Einsteiger hast du es leichter, wenn du spezielle Nadeln für die verschiedenen Materialien verwendest. So gibt es zum Beispiel Sticknadeln, die etwas kürzer sind als Nähnadeln und ein längeres Öhr haben, um das Einfädeln zu erleichtern. Es gibt sie in verschiedenen Größen, je höher die Nummer, desto dünner die Nadel.

Beim Modellieren ist es wichtig, dass Hände und Unterlage sauber und fusselfrei sind. Je filigraner man arbeitet, desto hilfreicher ist Werkzeug. Solltest du kein spezielles Modellierwerkzeug zur Hand haben, eignen sich auch Alltagsgegenstände wie Zahnstocher, Löffel, Pinselrückseite oder Schneidemesser.

Verwendest du ofenhärtendes FIMO®, wird die Masse nach dem Kneten im Ofen gehärtet. Die Modelle im Buch wurden mit lufttrocknender Modelliermasse kreiert, die innerhalb von 24 Stunden aushärtet.

Wenn du etwas sägen oder schrauben möchtest, ist es immer schön eine helfende Hand zu haben. Besonders, wenn es um Holzarbeiten geht, die dann doch etwas anspruchsvoller sein können und man je nach Modell sägen, hämmern, schrauben oder bohren muss. Du benötigst hier deutlich mehr Werkzeug und Hintergrundwissen als bei anderen Materialien. Bereite dich daher gut vor, wenn du diese Projekte angehen möchtest.
Für die Modelle im Buch benötigst du: Akkuschrauber, Akkubohrer, verschiedene Holzaufsätze, eventuell eine Handsäge, Schmirgelfeile, Schmirgelpapier in verschiedenen Stärken, Hammer, Nägel, Schrauben, Holzbretter, Winkel und Holzleim.

Filz ist ein unglaublich vielseitiges Material. Du kannst es in verschiedenen Ausführungen kaufen, selber herstellen und extrem variabel bearbeiten. In diesem Buch werden Modelle aus Filzwolle und Filzplatten gebastelt. Die Filzplatten lassen sich super einfach bearbeiten und universell einsetzen, fast wie eine Kombination aus Papier und Stoff. Beim Nadelfilzen benötigst du Zubehör wie Filznadeln in verschiedenen Stärken und eine geeignete Unterlage, z.B. aus Schaumstoff-Resten (Verpackungsmaterial).

Egal ob Zahnstocher oder größere Stäbchen, diese Helfer sind absolute Zubehör-Must-Haves. Sie eignen sich als Werkzeug zum Stopfen, Füllen, Biegen, Modellieren, Formen, Fädeln, Lochen und manchmal sogar als Material wie auf Seite 21 veranschaulicht.

Die Vorlagen zu diesem Buch stehen außerdem in deiner digitalen Bibliothek unter **www.topp-kreativ.de/digibib** nach erfolgter Registrierung zum Ausdrucken bereit. Den Freischalte-Code findest du im Impressum.

Nutze die Vorlagen in diesem Buch, um Motive einfach nachzubasteln (ab Seite 70).

Du kannst dich zur Hilfestellung an den folgenden Symbolen orientieren, um besser einschätzen zu können, wie viel Übung für das jeweilige Modell nötig ist.

SCHNELL UND EINFACH

BRAUCHT ETWAS ÜBUNG

FÜR ANSPRUCHS-VOLLE

FUTTERANHÄNGER

zum Anbeißen

ANFORDERUNG

MODELLGRÖSSE

ca. 5–15 cm

MATERIAL

5 EL Kokosfett (oder anderes Pflanzenfett)

2 EL Sonnenblumenkerne, geschält oder ungeschält

2 EL Haferflocken oder Vollkornflocken

1 EL Erdnüsse

1 EL Rosinen

Hirse, Leinsamen oder frisches Obst, z.B. Äpfel oder Birnen (optional)

Form, z.B. für Cupcakes oder Plätzchen

1 Holzstäbchen

Schnur, 20 cm lang

1. Das Kokosfett schmelzen und währenddessen alle trockenen Zutaten in die Form füllen.

2. Gieße anschließend das flüssige Fett über die Körner in der Form. Optional kannst du nun das in Streifen geschnittene Obst in die Masse drücken.

3. Das Holzstäbchen etwa mittig in die Form stecken und die Masse abkühlen lassen.

4. Sobald das Fett abgekühlt ist, färbt es sich weiß. Nun kannst du den Holzstab vorsichtig entfernen und den Futteranhänger aus der Form nehmen.

5. Zuletzt wird die Schnur durch das Loch gefädelt und fertig ist dein Futteranhänger. Die kleinen Flieger werden es lieben!

Info

Natürlicher Lebensraum

Wenn wir Vögel unterstützen wollen, müssen wir dafür sorgen, dass ihr natürlicher Lebensraum erhalten bleibt. Je mehr natürliche Nahrungsquellen die Tiere finden, desto weniger Zufütterung ist nötig. Daher ist es so wichtig, dass unser Garten und sonstige Grünflächen durch eine naturfreundliche Aufbereitung viele natürliche Nahrungsquellen bieten. Auch Bienen, Igel oder Bilche zum Beispiel profitieren von einem vogelfreundlichen und somit tierfreundlichen Umfeld!

Tipp

Finken, Meisen und Sperlinge lieben Körner. Amseln, Rotkehlchen oder Heckenbraunellen bevorzugen eher weiches Futter wie Haferflocken, Rosinen, Obst oder Kleie. Wichtig: Achte darauf, dass das Futter im Anhänger nicht verdirbt!

Tipp

Steine am Strand sammeln macht richtig Spaß! Gesammelte Fundstücke kannst du als besonderes Andenken behalten oder deinen Freunden mit einem selbstbemalten Mitbringsel eine Freude bereiten!

BEMALTE STEINE

mit Acrylstiften

1. Die Auswahl des Steins ist wesentlich für ein schönes Ergebnis. Die Oberfläche sollte glatt, sauber und flach sein. Wenn die Rückseite zu rund zum Ablegen auf der Unterlage ist, kannst du den Stein entweder in der Hand halten und bemalen oder ein wenig Stoff unterlegen, der den Stein einbettet.

2. Wenn du einen einfarbigen Stein gewählt hast, kannst du nun das Motiv aufzeichnen. Hierfür eignen sich am besten wasserfeste Acrylstifte. Hast du diese nicht zur Hand, kannst du auch einen Pinsel mit flüssiger Acrylfarbe verwenden. Bei mehrfarbigen Steinen kannst du deren Maserung ins Bild mit einfließen lassen, um Unebenheiten herum malen oder diese als Teil des Motivs einarbeiten.

3. Nach Fertigstellung kann das Kunstwerk bei Bedarf noch mit transparentem Lack versiegelt werden. Bei diesem Modell wurden wasserfeste Acrylmarker verwendet, die keine Versiegelung benötigen.

ANFORDERUNG

MODELLGRÖSSE

individuell

MATERIAL

Steine, ø 4–10 cm, flach und glatt

wasserfeste Acrylstifte oder Permanentmarker

Eisvogel – der Schöne

Man findet ihn in der Nähe von Wasser, oftmals Unterwasser, um mit seinem langen, kräftigen Schnabel seine Beute blitzschnell zu greifen. Er liebt langsam fließende, fischreiche Flüsse, Bäche, Seen oder Teiche. Als eine der schillerndsten Erscheinungen im Vogelreich ist er mit seinem leuchtend orange-blauen Gefieder ein echter Hingucker. Sein Kopf schillert azur- bis kobaltblau, Bauch und Wangen sind rostbraun bis rostorange mit einem kreideweißen Fleck an der Kehle. Du kannst den Eisvogel unterstützen, indem du hilfst, unsere Gewässer sauber zu halten – sammle zum Beispiel Müll an Ufern ein, wenn du welchen entdeckst!

BUNTES MOBILE

aus Filz

ANFORDERUNG

MODELLGRÖSSE
5–8 cm

MATERIAL
Filzplatten
Ast
Stickgarn
dünne oder transparente Schnur
Füllmaterial
Schere
Nadel
Holzstab (optional)

VORLAGE
Seite 72

1. Zeichne die gewünschte Form auf die Filzplatten vor oder schneide sie direkt aus, beginnend mit der Körperform. Du benötigst von allen Formen eine linke und eine rechte Seite.

2. Die andersfarbigen Details wie Schnabel, Flügel, Augen oder Verzierungen werden nun ebenfalls ausgeschnitten und auf die beiden Formen für den Körper geklebt. Achte darauf, dass du nicht zwei gleiche Seiten erstellst.

3. Jetzt widmest du dich den gestickten Verzierungen. Hierfür verwendest du eine möglichst feine Nadel, damit es keine sichtbaren Löcher im Filz gibt. Setze die Nadel auf der Rückseite deiner Filzform an und fixiere den Faden mit einem Knoten. Die Naht sollte locker gestickt werden, da die Form später durch die Füllung etwas gedehnt wird.

4. Für die Augen kannst du entweder Filzstückchen verwenden, oder mit einem dünnen Faden farbige Akzente sticken.

Pirol – der Höhenflieger

Obwohl der Pirol durch sein leuchtend gelbes Gefieder und seine schwarzen Flügel eigentlich kaum zu übersehen ist, schafft es der scheue Vogel dennoch, sich vor neugierigen Blicken zu verstecken. Am liebsten lebt er in sonnigen Wäldern in der Nähe von Gewässern und fliegt dort weit oben in den Baumkronen schnell umher. Als Nahrung dienen ihm Insekten, Früchte und Beeren. Wenn du bei deinem nächsten Waldspaziergang genau hinhörst, erkennst du vielleicht seinen melodischen Ruf hoch oben in den Bäumen: „didlioh“ oder „bülooh“!

5. Sind die beiden Seiten fertig, vernähst du sie miteinander. Setze den Faden wieder auf der Innenseite der Form an und fixiere das Ende mit einem Knoten. Beginne am besten an einer Stelle, die sich später gut für das Befüllen eignet, zum Beispiel dem Bauch. Verbinde die beiden Teile rundherum und lasse eine etwa 1,5 cm große Lücke für das Befüllen. Die Öffnung sollte gerade noch so groß sein, dass das Füllmaterial leicht in die Form gestopft werden kann.

6. Lege die Nadel mit dem Faden kurz zur Seite und beginne mit dem Finger oder einem spitzen Gegenstand, wie zum Beispiel einem Holzstab, vorsichtig das Füllmaterial in die Form zu drücken. Gerade so viel, dass sich der Vogel leicht ausbeult und eine dreidimensionale Form erhält.

7. Hat der Vogel eine schöne runde Form bekommen, kannst du das Loch mit ein paar letzten Stichen schließen, den Faden unsichtbar vernähen und im Inneren verschwinden lassen.

8. Zum Schluss wird eine Schnur für die Aufhängung angebracht. Nun kannst du deine bunte Vogelschar an einem schönen Holzzweig befestigen. Fertig ist das Mobile!

KLEINE VOGELHÄUSCHEN

aus Fimo® Air

1. Schneide eine etwa zweifingerbreite Scheibe Modelliermasse aus der Verpackung und knete sie mithilfe einiger Tropfen Wasser solange, bis die gewünschte Konsistenz erreicht ist und sich das Material leicht bearbeiten lässt.

2. Beginne mit einer Kugelform und arbeite die Kanten für den Boden heraus. Hierfür kannst du die Kugel einfach leicht auf die Unterlage drücken und schon entsteht die Unterseite des Häuschens. Achte darauf, dass deine Arbeitsunterlage glatt und sauber ist.

3. Mit einem Modellierwerkzeug oder dem Finger drückst du nun Löcher für Türen und Fenster in die Form und höhlst das Loch möglichst gleichmäßig aus. Achte darauf, nicht zu fest zu drücken, damit deine Form erhalten bleibt.

4. Wird die Masse mit der Zeit zu trocken, kannst du einfach mit einigen Tropfen Wasser nachhelfen. Das hilft auch besonders, um die Oberfläche glatt zu streichen.

ANFORDERUNG

MODELLGRÖSSE

6–8 cm

MATERIAL

FIMO® Air oder andere lufttrocknende Modelliermasse

Modellierwerkzeug

Wasser

Holzstäbchen

saubere Unterlage

5. Mit etwas zusätzlicher Modelliermasse formst du nun die Öse für die Aufhängung. Beginne wieder mit einer Kugel und drücke sie flach, sodass eine Scheibe entsteht, die nun aufrecht an die Oberseite des Häuschens gedrückt wird. Die Übergänge anschließend schön glattstreichen. Zum Schluss drückst du ein Loch in den Kreis, bis eine Öse entsteht und streichst die Ränder innen wieder glatt.

6. Hat das Haus Form angenommen, kannst du dich den Details wie Holzstäbchen und Struktur widmen. Den Stab hierfür auf die passende Länge zuschneiden und möglichst gerade in die Masse unterhalb der Öffnung drücken.

7. Zum Schluss kannst du dein Häuschen verzieren. Hierfür nimmst du zum Beispiel einen Holzstab oder einen anderen spitzen Gegenstand und zeichnest nach Belieben Muster wie Linien, Punkte oder Ziegel ein. Je trockener die Masse, desto filigraner lassen sich die Muster einarbeiten. Stelle das Häuschen am besten auf der Unterlage ab und fasse es möglichst wenig an, sobald die Form final ist.

Info

Ein kleines Zuhause

Besonders in der kalten Jahreszeit sind Vogelhäuser eine sehr gute Möglichkeit, Rotkehlchen, Spatzen und Co. einen schützenden Unterschlupf vor Kälte und Schnee zu bieten. Aber auch im Frühjahr und Sommer freuen sich unsere gefiederten Freunde über einen willkommenen Rückzugsort zum Nisten. Wie du Vögeln ein kleines Zuhause bauen kannst, erfährst du auf Seite 67.

Tipp

Du kannst die Größe deiner Häuschen nach Wunsch anpassen. Ist die Öffnung groß genug, kannst du auch ein LED-Teelicht hineinstellen oder eine kleine Pflanze heraus-wachsen lassen.

Tipp

Mit kleineren Bügelperlen lassen sich filigranere Motive kreieren, die sich sogar als Schmuck- oder Schlüsselanhänger weiterverarbeiten lassen.

I LOVE BIRDS – *Bügelperlen*

1. Platziere die Bügelperlen nach Vorlage auf der dafür vorgesehen Platte.

2. Arbeite von innen nach außen und von links nach rechts. Falls du Linkshänder bist, arbeitest du von rechts nach links. Als Hilfe beim Stecken eignet sich eine Zange.

3. Ist das Motiv fertig gesteckt, kannst du es mithilfe des Bügeleisens schmelzen. Hierfür bedeckst du die Oberfläche mit Backpapier und fährst vorsichtig mit dem Bügeleisen darüber. Achte darauf, dass das Bügeleisen nicht zu heiß wird und streiche möglichst gleichmäßig über dein Motiv, sodass die Perlen gleichmäßig miteinander verschmelzen.

4. Zum Schluss lässt du die Perlen kurz abkühlen, ziehst das Papier vorsichtig ab und löst das Motiv von der Platte. Fertig!

ANFORDERUNG

MODELLGRÖSSE
5–15 cm

MATERIAL
Bügelperlen-Platte
Bügelperlen
Bügeleisen
Backpapier
Zange (optional)

VORLAGE
Seite 73

Grünspecht – der Spezialist

Der Grünspecht ist ein wahrer Spezialist darin, Ameisen aufzustöbern. Sollte er einmal nicht fündig werden, freut er sich aber auch über Regenwürmer oder Früchte. Als sein Zuhause bevorzugt er Laub- oder Mischwälder, Obstwiesen und Parks. Dort ist er mit seiner besseren Hälfte auf der Suche nach alten Baumhöhlen, die er mit Holzspänen auskleidet. Wenn du ein lautes „klü-klü-klü-klü" hörst, halte Ausschau nach diesem grün-roten Vogel mit heller Unterseite.

NAGELBILD

mit Garn

ANFORDERUNG

MODELLGRÖSSE

ca. 20 cm

MATERIAL

goldene, kurze Deko-Nägel, mit kleinem Kopf

Unterlage, z.B. ein Holzbrett

Sticktwist in Orange, Rot, Schwarz und Weiß

Hammer

VORLAGE

Seite 70

1. Die Vorlage ausdrucken und auf die Unterlage kleben oder alternativ freihändig mit einem Bleistift vorzeichnen und Punkte für die Nägel setzen.

2. Bringe die Nägel an den Markierungen an und achte darauf, dass alle etwa gleich weit aus dem Holz ragen.

3. Sobald alle Nägel platziert wurden, kannst du mit dem Faden beginnen und den Oberkörper des Storchs umranden. Das Ende hältst du entweder in einer Hand fest, oder bindest es schonmal an den ersten Nagel. Achte dabei darauf, dass das Ende lang genug ist, da der Faden zum Schluss verknotet werden muss. Anschließend füllst du die Fläche durch Zickzack-Führung des Fadens aus.

4. Mit dieser Zickzack-Technik füllst du nun mit dem schwarzen Twist auch den Rest des Körpers, bis auf die Beine und den Schnabel.

5. Zum Schluss werden Beine und Schnabel mit dem orangefarbenen Faden ausgefüllt und die Enden unsichtbar verknotet.

Tipp

Die Anzahl der Nägel hängt von der Größe deines Motivs und des Hintergrundes ab. Je mehr Nägel du verwendest, desto [illegible] werden deine Muster.

DRAHTVOGEL
auf dem Podest

1. Den Draht mit den Fingern oder mithilfe einer Zange stückchenweise zu einer Kugel formen. Klein beginnen und immer größer werdende Kreise bilden. Ein runder Gegenstand, wie etwa ein Schnapsglas, kann anfangs beim Bilden der Form helfen. Immer wieder neu ansetzen, die Kreise etwas drehen, bis eine sich langsam füllende Kugel von etwa ø 3 cm entsteht.

2. Dasselbe machst du jetzt mit einer etwas größeren Kugel, von etwa ø 7 cm.

3. Forme nun drei bis vier Haken, mit denen du die beiden Kugeln verbindest. Verbiege die Drahtenden anschließend so, dass die beiden Formen fest miteinander verbunden sind. Achte darauf, dass der Vogelkopf etwas erhöht platziert wird, damit die Figur von der Seite einem Vogel im Profil gleicht.

4. Nun wickelst du wieder Kreise um das Gebilde, besonders an der Stelle, an der die Kugeln zusammengeführt wurden, um den Übergang zu kaschieren.

ANFORDERUNG

MODELLGRÖSSE

20 cm

MATERIAL

dünner Draht, ø 0,7 mm

Holz-Podest

Zange

Nägel

Schnapsglas (optional)

Spatz – der Unkomplizierte

Der Spatz, der auch Haussperling genannt wird, ist schon sehr lange ein direkter Nachbar von uns Menschen. Der kleine Piepmatz sieht durch seinen großen Kopf im Verhältnis zum kleinen Körper etwas gedrungen aus. Männchen und Weibchen ähneln sich mit ihren kräftig schwarz-braun-gestreiften Rücken, die Männchen sind jedoch etwas dunkler als die Weibchen mit schwarzen Stellen an Latz und Kehle. Der Spatz sucht sich seinen Nistplatz gerne in Gesellschaft anderer Vögel, vorzugsweise an Gebäuden, in Baumhöhlen oder Büschen. Wenn du ihm einen Nistkasten bauen möchtest, solltest du darauf achten, den Eingang möglichst groß zu gestalten.

5. Der Schwanz besteht aus einigen langen Ovalen, die du an einem der beiden schmalen Enden am Hinterteil des Körpers fixierst. Hierzu wieder kleine Drahtösen formen und die Enden mithilfe der Zange im Inneren der Kugel verbergen. Um die Draht-Ovale wie Schwanzgefieder aussehen zu lassen, biegst du sie entsprechend in Form.

6. Zuletzt werden Beine und Schnabel montiert. Für den Schnabel trennst du wieder ein Stück Draht ab und formst kleine Dreiecke, die nach und nach eine Pyramide ergeben sollten. Hat deine Pyramide eine schöne Schnabelform erhalten, fixierst du sie am Kopf des Vogels.

7. Nun folgen die Beine, die so am Körper fixiert werden, dass der Vogel stabil auf dem Podest steht. Forme pro Fuß jeweils drei Zehen vorne und einen hinten, für einen stabilen Stand. Am besten nimmst du den Draht doppelt. Danach werden die Enden des Beines am unteren Ende der Kugel befestigt. Beim zweiten Bein gehst du genauso vor.

8. Nun kannst du den fertigen Drahtvogel auf das Podest stellen und ihn mit Nägeln im Holz befestigen.

BROSCHEN

aus Filzwolle

1. Forme etwas cremefarbene Filzwolle mit den Händen zu einer Kugel und lege sie auf der Unterlage zurecht, sodass eine möglichst glatte, ovalförmige Fläche entsteht.

2. Steche von oben solange in das Filz, bis die Fäden miteinander verbunden sind. Dann drehst du die Form um und drückst wieder so oft mit der Nadel in das Filz, bis sich die Wolle gut verwoben hat. Entscheide dich für eine Vorderseite. Wie sauber die Rückseite verarbeitet ist, ist nicht so wichtig, da hier später der Broschenrohling vernäht wird.

3. Ist der Eulenkörper fertig, werden Augen und Schnabel erstellt. Als Grundfarbe nimmst du hierfür ein klein wenig schwarze und braune Wolle und formst daraus drei kleine Kügelchen. Bilde für den Schnabel zunächst ein Oval und zupfe dieses später mit der Nadel in die gewünschte Form. Die Kügelchen für die Augen einfach flach in den Untergrund einarbeiten, solange bis keine Härchen mehr abstehen. Den inneren Ring der Augen formst

ANFORDERUNG

MODELLGRÖSSE

3–5 cm

MATERIAL

Filzwolle in Braun, Beige, Grau, Schwarz, Creme, Rot und Weiß

Broschenrohling

Filznadeln

Schaumstoffunterlage

Nadel

Garn

Schleiereule – die Bequeme

Wer sie zu Gesicht bekommt, hat entweder großes Glück, oder eine alte Scheune im Garten, in der gerade Nachwuchs aufgezogen wird. Die nachtaktive Eule ist trotz der Nähe zum Menschen sehr scheu und zieht sich tagsüber gerne in die hintersten Ecken alter Gebäude oder in dichte Laubbäume zurück. Ihr Äußeres ist geprägt durch ihren weißen Schleier mit dunklen Augen und einer beige-gelblichen Färbung. Sie hat es meist nicht leicht eine geeignete Nistmöglichkeit zu finden. Du kannst ihr helfen, indem du Nistkasten für sie anbringst.

du mit weißer Wolle, die ringförmig um die Pupille gelegt und mit der Nadel im Untergrund fixiert wird. Abstehende Härchen kannst du mit einer feinen Nadel ‚einsammeln' und vorsichtig in den Knäuel drücken.

4. Zuletzt wird der Flügel eingewoben, hierfür wieder etwas Wolle ovalförmig auf den Eulenkörper legen und mit vorsichtigen Stichen mit dem Untergrund verbinden.

5. Nun nähst du die Eule mit ihrer Rückseite an dem Rohling fest.

6. Für den Pilz formst du nun eine Kugel aus weißer oder cremefarbener Wolle für den Strunk, eine etwas größere Kugel aus roter Wolle für den Pilz-Kopf und für die Punkte drei bis fünf kleinere helle Wolle-Kügelchen.

7. Beginne mit dem Strunk und pikse so oft in die Wolle, bis sich eine flache, ovalförmige Form ergibt.

8. Mit der roten Wolle gehst du genauso vor und lässt die Form etwas rundlicher werden. Lege den Kopf leicht nach oben versetzt auf den Strunk und verwebe die beiden Wollstücke gut miteinander. Steche dabei nur von oben in die Form, da sich sonst die weiße Farbe des Strunks mit dem Rot des Pilzkopfes vermischt.

9. Zuletzt werden die Punkte auf den Pilz gefilzt. Steche auch hier wieder nur von oben hinein, damit sich die Farben nicht mischen.

Tipp

Statt einer Brosche kannst du die Eule auch als Aufnäher für Kleidung, Beutel oder sonstige Accessoires verwenden.

Filzwolle besteht aus feinen Härchen, die sich dank der Widerhaken der Filznadel miteinander verweben lassen. Je häufiger man in die Wolle sticht und je feiner die Nadel ist, desto fester kann die Wolle verwoben werden und desto glatter wird die Oberfläche.

Tipp

Wer den Origami-Stil etwas abändern und den Schwänen mehr Leben einhauchen möchte, kann ihre Schnäbel orange anmalen. Oder wie wäre es mit einem schwarzen Schaf – ähm – Schwan?

ORIGAMI-MOBILE

aus Papier

1. Nutze eine saubere Unterlage und lege dir bei Bedarf eine Falzhilfe zurecht. Falte nun deine Schwäne wie in der Grafik beschrieben.

2. Schneide einen Faden in die gewünschte Länge und binde einen Knoten in eines der Enden. Stich nun mit der Nadel vorsichtig ein Loch unter den Schnabel des Papierschwans und fädle den transparenten Faden durch den Hals. Nun kannst du das andere Ende des Fadens an dem Ast befestigen. Verfahre so mit allen Schwänen. Fertig ist dein Mobile!

ANFORDERUNG

MODELLGRÖSSE

ø 10 cm (Papierbogen)

MATERIAL

quadratisches Faltpapier

transparenter Faden

Ast

Schwan – der Divo

Das auffälligste Merkmal des Höckerschwans sind die großen, schwarzen Stirnhöcker oberhalb seines orangenen Schnabels. Ansonsten ist sein Gefieder reinweiß mit einem langen Hals, den er oft S-förmig hält. So elegant und vornehm er anmutet, so aggressiv kann er werden, wenn ihm jemand in seinem Brutgebiet zu nahe kommt. Dann baut er sich mit ausgebreiteten Flügeln und zurückgezogenem Hals vor Menschen, Hunden und Artgenossen auf. „Achtung, mein Revier!"

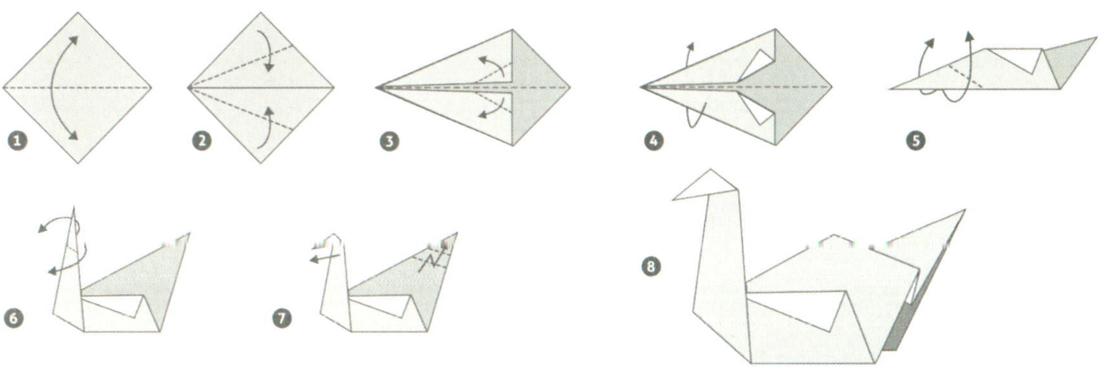

VOGELFUTTER-STATION *aus Holz*

ANFORDERUNG

MODELLGRÖSSE

ca. 40 cm

MATERIAL

2 Holzbretter

1 Glasflasche

Draht

4 kleine Schrauben

3 große Schrauben

2 Wandhalterungen

2 Winkel

Schnur, 20 cm (opt.)

Terrakotta-Untersetzer, ø 8 cm

Vogelfutter

Deko-Holzstamm (opt.)

Zange

Akkuschrauber

Akkubohrer (opt.)

Feile (opt.)

Schmirgelpapier (opt.)

Bleistift

Hammer

Nägel

1. Falls du für dein Projekt Holzreste oder unbehandeltes Holz verwenden möchtest, solltest du die Oberfläche vor der Verarbeitung zunächst mit Feile und Schmirgelpapier bearbeiten. Lege zwei Bretter an ihrer schmalen Seite aneinander und schraube sie mithilfe der beiden Winkel so zusammen, dass eine L-Form entsteht. Je nach Holz bietet es sich an vorzubohren, um die Winkel möglichst stabil zu fixieren.

2. Mithilfe der Flasche nun den benötigten Drahtradius einmal oben am Flaschenbauch und einmal unten, knapp oberhalb des Flaschenhalses ausmessen und den Draht anschließend zu einem fast geschlossenen Hufeisen formen.

3. Zuerst den größeren oberen Ring abmessen und die beiden Drahtenden zu einer Schlaufe biegen. Die beiden Schlaufen werden nun um 90° aufgerichtet, sodass der Ring rechtwinklig zum Holzbrett ausgerichtet ist. Das Gleiche machst du nun mit dem kleineren Drahtring am unteren Ende.

4. Platziere beide Ringe am Brett und markiere die Stelle, an der sie im Holz versenkt werden sollen. Achte darauf, dass unten, wo später die Schale platziert wird, noch genügend Platz zwischen Flaschenhals und Schalenboden ist, damit das Futter problemlos in die Schale rutschen kann. Vermeide aber auch zu viel Abstand, da sonst das Futter ungebremst herausfällt. In diesem Fall beträgt der ideale Abstand zwischen Glasöffnung und Holz etwa 3 cm.

Tipp

Besonders vielseitig nutzbar wird die Futterstation, wenn du Futteranhänger (siehe Seite 14) an den Deko-Ast hängst. So gibt es auch nicht so viel Gedränge an dem Teller.

5. Nun werden die Ringe nacheinander mit jeweils zwei kleinen Schrauben an der markierten Stelle am Brett fixiert.

6. Den Deko-Ast am oberen Ende des Bretts platzieren und so viel Platz lassen, dass sich die Flasche problemlos in die Drahthalterung schieben und wieder entfernen lässt. Ein Loch von hinten durch das Brett bohren und den Ast mit einer langen Schraube fixieren. Bei diesem Modell wurde nur eine Schraube zum Fixieren verwendet, damit der Ast bei Bedarf noch flexibel drehbar ist.

7. Markiere nun die Stelle, an der die Wandhalterung am oberen Ende des Brettes angebracht werden soll und fixiere sie mithilfe der Nägel.

8. Die Glasflasche anschließend mit Futter füllen, zuschrauben und umgedreht in die Drahthalterung stellen.

9. Jetzt muss nur noch die Schale unter die Flasche gestellt und der Flaschendeckel abgeschraubt werden. Sobald du den Deckel gelöst hast, purzeln die Körner auch schon durch den Flaschenhals und füllen die Schale. Nun ist deine Futterstation bereit für die Fütterung.

Info

Standort

Suche dir einen ruhigen, trockenen und geschützten Platz für deine Futterstation, abseits von Straßen, Autos und am besten in der Nähe von Bäumen, Sträuchern oder einem Dach. So fühlen sich die Vögel sicher und sind geschützt vor Regen, Fressfeinden oder anderen Störfaktoren.

DEKOSCHALE

aus Beton

1. Zu Beginn wird der Beton nach Verpackungsangabe mit Wasser angerührt, in der Regel im Verhältnis 5:1.

2. Der flüssige Beton wird nun in eine Form, zum Beispiel eine Müslischale geschüttet. Damit sich die getrocknete Masse leicht aus der Form lösen lässt, wird die Schale vor dem Guss mit Pflanzenöl benetzt.

3. Für die Mulde der Vogeltränke drückst du nun von oben eine runde Form in die Masse. Hierfür kannst du z.B. eine Schale aus Glas verwenden. Achte darauf, dass das beschwerende Gefäß nicht zu leicht ist und wirklich eine Vertiefung in die Masse drückt. Ist die Schale zu leicht, kannst du z.B. Steine zum Beschweren hinein legen.

Tipp

Die Schale eignet sich auch super zur Schmuckaufbewahrung!

ANFORDERUNG

MODELLGRÖSSE

ca. 10 cm

MATERIAL

- Beton oder Schmuckbeton
- Blattgold
- Auflegemilch
- Papier
- Wasser
- Gefäß zum Anrühren
- Rührstab
- Form
- Gewicht zum Beschweren
- Pflanzenöl
- Schmirgelpapier
- Schneidemesser
- Pinsel

4. Der Beton muss nun 24 Stunden trocknen. Nach dem Trocknen kannst du die Beton-Schale aus der Form nehmen und gegebenenfalls unschöne Ecken oder Kanten mit Schmirgelpapier glätten. Solltest du Schwierigkeiten haben, den Beton aus der Schale zu lösen, lege die Form kurz in kochendes Wasser, bis sich der Beton durch die Hitze vom Untergrund löst.

5. Anschließend die fertige Schale von Ölresten und Staub befreien, um sie für die Verzierung vorzubereiten. Für die Blattgold-Fußabdrücke benötigst du eine Schablone mit Fußabdrücken. Alternativ kannst du die Auflegemilch auch Freihand auftragen und 20 Minuten trocknen lassen. Beachte hierzu die Anwendungshinweise auf der Verpackung.

6. Ist die Milch eingezogen und klebrig genug, kannst du das Blattgold vorsichtig auftragen und glatt tupfen. An den umliegenden Stellen, an denen keine Anlegemilch aufgetragen wurde, wird das Blattgold nicht haften. Du kannst also die Schablone problemlos entfernen und alle Reste mit einem Pinsel verstreichen.

Info

Vogeltränke

Möchtest du Vögeln an heißen Sommertagen eine Trink- und Bademöglichkeit bieten, kannst du hierzu ganz einfach einen Blumentopf-Untersetzer oder einen ausrangierten Suppenteller mit klarem Wasser bereitstellen. Achte dabei darauf, die Tränke regelmäßig zu reinigen und das Wasser zu wechseln, damit die Vögel nicht krank werden und sich lange an der Quelle erfrischen können.

ALLES LIEBE
with love
HAPPY BIRD
Happy Birdday

STEMPELKISSEN

aus Moosgummi

1. Die Motive können freihändig oder nach Vorlage ausgeschnitten werden. Übertrage hierfür die Vorlagen auf die Moosgummi-Platte und schneide sie mit dem Schneidemesser heraus

2. Die herausgetrennten Motive klebst du nun auf die Holzklötze. Achte darauf, dass deine Motiv-Wunschseite die Unterseite des Stempels ist, da diese das gedruckte Motiv ergibt.

3. Nun ist der Stempel fertig und kann in das Stempelkissen getaucht werden.

Tipp

Anstelle von Moosgummi und Holzklotz, kannst du als Stempel auch rohe Kartoffeln oder Radiergummis verwenden und als Stempelunterlage mehrere Schichten Pappe zusammenkleben.

ANFORDERUNG

MODELLGRÖSSE
2–8 cm

MATERIAL
Moosgummi-Platten
Holzscheiben, eckig
Stempelkissen
Klebstoff
Schneidemesser
Bastelpapier
Unterlage

VORLAGE
Seite 70

TAUBEN

aus Fimo® Air

ANFORDERUNG

MODELLGRÖSSE

7–10 cm

MATERIAL

FIMO® Air oder andere lufttrocknende Modelliermasse

Holzast

Modellierwerkzeug (optional)

Wasser

Heißklebepistole

1. Feuchte deine Hände zu Beginn des Modellierens etwas an, so wird deine Masse schneller glatt. Forme zwischen den Handflächen zuerst eine Kugel und lasse daraus ein Oval entstehen. Das eine Ende lässt du immer schmaler werden und spitz zulaufen, so entsteht der Kopf der Taube. Das andere Ende sollte etwas kantiger werden, das wird die Schwanzspitze.

2. Den Kopf, Schnabel und den Schwanz am besten mit den Fingern formen. Hier reicht es, die Details nur grob anzudeuten, sodass die Taubenform erkennbar ist. Die Taube kommt sogar ohne Füße aus und wird mit dem Bauch auf das Holz geklebt.

3. Die fertig modellierten Tauben nun 24 Stunden lufttrocknen lassen. Sind die Tauben getrocknet, kannst du sie auf den Ast kleben.

Ringeltaube – die Stattliche

Die Ringeltaube ist kräftiger und größer als die in der Stadt lebenden Straßentauben und zeichnet sich durch ein graublaues Gefieder und einen türkisfarbenen und weißen Fleck am Hals aus. Sie fühlt sich fast überall zuhause: in Parkanlagen, Gärten, auf Feld und Wiese. Hier ernährt sie sich von Samen, Getreide, Mais und anderen Pflanzenteilen. Du triffst sie oft in der Gruppe an, wenn sie gemeinsam mit ihren Artgenossen auf Futtersuche geht. Fliegt sie weg, ist ihr lauter Flügelschlag nicht zu überhören.

Tipp

Du möchtest die Tauben lieber aufhängen? Kein Problem, bastle einfach eine Schaukel aus dem Ast, indem du links und rechts eine Schnur befestigst. Fertig ist die Taubenschaukel!

Tipp

Du kannst für dein Nest auch noch eine Vogel-Mama basteln. Wie das geht, erfährst du auf Seite 18.

VOGELNEST

aus Filz

1. Forme etwas weiße Filzwolle mit den Händen zu einer Kugel und lege sie auf der Unterlage zurecht.

2. Steche von oben solange in das Filz, bis die Fäden miteinander verbunden sind.

3. Nun drehst du die Form um und drückst wieder so oft mit der Nadel in das Filz, bis sich die Wolle gut verwoben hat.

4. Wiederhole diesen Vorgang und drehe die Kugel, bis sich ein rundes, glattes Ei ergibt. Abstehende Härchen kannst du mit einer feinen Nadel ‚einsammeln' und vorsichtig in den Knäuel drücken.

5. Das Nest aus Naturmaterial so formen, dass eine Kuhle entsteht. Zum Schluss die Eier in das Nest legen.

ANFORDERUNG

MODELLGRÖSSE
14 cm

MATERIAL
- Filzwolle
- Naturmaterial, z.B. Äste, Fasern und Moos
- Filzplatten
- Filznadeln
- Schaumstoffunterlage
- Nadel
- Garn

Gartenbaumläufer – der Niedliche

Dieser Geselle ist winzig, perfekt getarnt und kann minutenlang bewegungslos an einer Stelle verharren. Sein langer, gebogener Schnabel ist sein Markenzeichen. Seine kompakte Erscheinung wird unterstrichen von einer dunkelbraunen Oberseite mit winzigen, dezenten weißen Flecken. Sein Bauch ist weiß bis schmutzig braun und seine Flügel hellbeige. Möchtest auch du in deinem Garten solch niedliche Bewohner ansiedeln, sorge für ausreichend alte Bäume und totes Holz. Hier pickt er ‚tütend' mit seinem gebogenen Schnabel Insekten und Spinnen aus der Baumrinde.

JUTEBEUTEL

im Stencil-Style

ANFORDERUNG

MODELLGRÖSSE
50 cm

MATERIAL
Jutebeutel
Sprühfarbe
Papier
Schneidemesser
Zeitungspapier
Klebeband

VORLAGE
Seite 71

1. Zu Beginn bereitest du die Schablone vor. Hast du das Vorlagen-Motiv auf Papier übertragen und ausgeschnitten, kannst du deine Schablone auf dem Jutebeutel platzieren.

2. Fixiere die Vorlage auf dem Beutel, sodass sie plan aufliegt und möglichst kein Abstand zwischen Papier und Stoff besteht.

3. Decke den Rest des Beutels und des Hintergrunds großzügig mit Zeitungspapier ab, damit keine ungewollten Farbflecken entstehen.

4. Jetzt kannst du die Sprühfarbe auftragen. Achte darauf, nicht zuviel Farbe auf die Schablone zu sprühen und halte die Sprühflasche nicht zu nah an das Motiv, da die Farbe sonst unter der Schablone verläuft.

5. Kurz trocknen lassen, Schablone abziehen und fertig ist dein Bird-Jutebeutel!

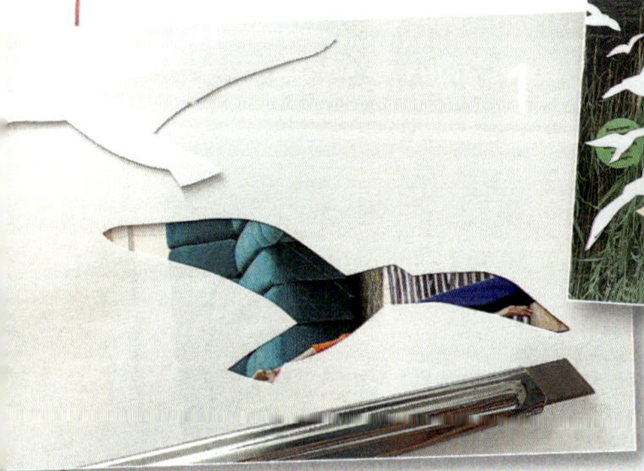

FLY HIGH

HOLZ-ANHÄNGER

mit Brandmalerei

1. Die Holzscheiben vor der Bearbeitung etwas abschmirgeln, da auf glatter Oberfläche das Gravieren leichter fällt.

2. Schließe den Lötkolben an und wähle einen Aufsatz mit feiner Spitze.

3. Zeichne die Motive entweder mit einem Bleistift vor, oder zeichne mit dem Lötkolben Freihand. Je heißer der Lötkolben, desto tiefer dringt die Spitze ein und desto dunkler färbt sich das Holz. Achte auf flüssige Bewegungen, damit die gezeichnete Linie möglichst gleichmäßig wird.

4. Befestige zum Schluss die Schnur an den Holzscheiben.

ANFORDERUNG

MODELLGRÖSSE

ø 4 cm

MATERIAL

Holzscheiben, gelocht

Schnur oder Anhänger

Lötkolben

feuerfeste Unterlage

Schutzbrille

Tipp

Übe erst einmal auf einem Stück Holz, damit du ein Gefühl für den Lötkolben bekommst und nutze zu deiner Sicherheit stets Schutzbrille und feuerfeste Unterlage!

VOGELSCHAR

im Bilderrahmen

ANFORDERUNG

MODELLGRÖSSE

30 cm x 60 cm

MATERIAL

Rahmen, 60 cm

Steine, glatt und flach

Stift

Papier

Heißklebepistole

Naturmaterial,
z.B. Äste oder Blätter
(optional)

1. Das Papier an die Größe des Rahmens anpassen und drei dünne, horizontale Linien ziehen, auf denen die Steinvögel Platz nehmen können. Die Linien dürfen etwas ungerade sein, das macht das Bild lebendig.

2. Bringe die Steine in Position und zeichne jedem Steinvogel Beine und Schnabel.

3. Nun kannst du die Steine mithilfe der Heißklebepistole an der markierten Stelle festkleben.

Amsel – die Musikalische

Der wohl bekannteste Vogel unter den Singvögeln lebt in Gärten, Parks und Wäldern. Nicht wegzudenken ist ihr melodischer Gesang an lauen Sommerabenden, wenn der Frühling vor der Tür steht oder ihr Warnruf, wenn eine Katze sich anschleicht. Die Männchen sind schwarz mit gelbem Lidrand und Schnabel, die Weibchen größtenteils dunkelbraun. Die Amsel erfreut uns nicht nur mit ihren einzigartigen Flötentönen, sie kann auch Geräusche nachahmen. So ist es keine Seltenheit, dass besonders in Wohngegenden Handytöne erklingen, die überhaupt nicht von einem Handy stammen.

Tipp

Hübsch macht sich auch Naturmaterial wie Äste oder Blätter im Bild. Klebe z.B. einen Ast anstelle der gezeichneten Linie in das Bild, auf dem die Steinvögel Platz nehmen können.

SCHERENSCHNITT-
Grußkarten

1. Das gewünschte Motiv kannst du entweder direkt auf Papier drucken, von Hand übertragen oder ganz ohne Vorlage schneiden. Als Unterlage verwendest du andersfarbigen Tonkarton und schneidest ihn je nach Motiv quadratisch oder rechteckig zu.

2. Mit dem Schneidemesser vorsichtig entlang der Linien schneiden. Darauf achten, dass die Schnitte möglichst flüssig sind und sich keine unschönen Kanten bilden.

3. Hast du die Form herausgeschnitten, kannst du sie auf den Tonkarton kleben. Verwende so wenig Klebstoff wie möglich, damit sich das Papier nicht wellt.

ANFORDERUNG

MODELLGRÖSSE
ca. 10–20 cm

MATERIAL
Tonkarton
Schneidemesser
Klebstoff
Unterlage

VORLAGE
Seite 71

Tipp
Du erzielst einen besonders schönen Effekt, wenn du mehrere Schablonen übereinander legst und nicht komplett festklebst, sondern kleine Elemente abstehen lässt.

VOGEL-GIRLANDE

aus Tonkarton

ANFORDERUNG

MODELLGRÖSSE

7–11 cm (Anhänger)

MATERIAL

Tonkarton

Schere

Klebstoff

Schneidemesser (optional)

Nadel

Garn

1. Der Anhänger besteht aus mehreren Papierschichten, die übereinander gelagert den fertigen Vogel ergeben. Zeichne die Formen vor, oder schneide sie Freihand heraus, beginnend mit der größten Form, die als Unterlage für die Schichtung dient.

2. Die herausgeschnittenen Teile für die Flügel, die Kopfform, den Schnabel und die Verzierungen kannst du nun auf die Grundform kleben. Verwende so wenig Klebstoff wie möglich, damit sich das Papier nicht wellt.

3. Damit der Anhänger optisch etwas mehr Tiefe erhält, erhöhst du die Flügel und Schwanzfedern. Hierfür faltest du ein kleines Stück Papier doppelt oder dreifach und befestigst damit den Flügel an der Grundform, sodass er leicht erhöht ist. So sieht es aus, als würde der Flügel schweben.

4. Sind alle Details angeklebt, fehlt noch das Loch für die Aufhängung. Hierfür kannst du mithilfe einer Nadel ein kleines Loch durch die Seiten stechen und den Faden möglichst unsichtbar durchfädeln.

Eichelhäher – der Begabte

Sicher hast du ihn im Wald schon oft gehört und dich gefragt, wer da so einen Lärm macht. Mit einem lauten „krschäääh" schlägt er Alarm und warnt alle Waldbewohner im Umkreis vor Feinden. Darüber hinaus ist er ein besonders begabter Imitator, der sich auf Spechte und Habichte spezialisiert hat, die er täuschend echt nachahmen kann. Der Eichelhäher ist außerdem ein geschickter Kletterer und sammelt und versteckt fleißig Wintervorräte. Dabei transportiert er bis zu zehn Eicheln in seinem Kropf und macht damit jedem Goldhamster Konkurrenz. Er hat ein außergewöhnlich farbenprächtiges Gefieder mit blau schillernden Akzenten. Am liebsten ist er in Wäldern oder Gärten unterwegs.

Tipp

Mit etwas Raumduft oder ätherischem Öl besprüht, sieht der Dekoring nicht nur hübsch aus, sondern dient darüber hinaus auch noch als Raumbedufter.

LOVEBIRDS

im Blütenring

1. Das Makrameegarn an gewünschter Stelle um den Ring binden und bei Bedarf mit Klebstoff fixieren.

2. Aus dem Draht ein bis zwei Vögel formen und am Ring fixieren. Hierfür kannst du das Drahtende einfach um den Ring wickeln und die Vögel in Position biegen.

3. Die Trockenblumen nun vorsichtig in das Band einweben und um die Drahtvögel herum platzieren.

4. Bringe zum Schluss eine dekorative Schlaufe für die Aufhängung an.

ANFORDERUNG

MODELLGRÖSSE

ø 10–20 cm

MATERIAL

Holzring
Trockenblumen
weicher Draht
Makramee-Garn
Schere
Klebstoff (optional)

VOGELFEDERN

aus Makramee-Garn

ANFORDERUNG

MODELLGRÖSSE

8–15 cm

MATERIAL

Makrameegarn
ø 2 mm, 2 m lang
(variabel)

Schere

Kamm

1. Zunächst schneidest du das Makramee-Garn in 20 Streifen mit jeweils 8 cm Länge und legst sie zur Seite. Falls du Garnreste verwenden möchtest, kannst du diese zunächst der Länge nach sortieren und mit dem kürzesten Strang beginnen. Trenne das Band in einzelne Fäden auf und verwende zwei pro Strang.

2. Beginne mit dem längsten Band, welches etwa 25 cm lang sein sollte. Dieses legst du doppelt mit der Schlaufe nach oben und beiden Enden nebeneinander vor dir auf die Unterlage. Es werden pro Knoten immer zwei kurze Stränge benötigt, die von links und rechts in den Hauptstrang eingeflochten und verknotet werden.

3. Nimm hierfür den ersten kurzen Streifen doppelt und lege ihn mit der Schlaufe nach links unter das lange Band. Dann legst du einen zweiten Strang darüber, mit der Schlaufe diesmal nach rechts unter die Enden des ersten Strangs, sodass die Enden über dem Hauptband liegen und die Schlaufe unter den Enden des ersten Strangs.

4. Fädle nun die beiden Enden jeweils durch die Schlaufen und ziehe den Knoten fest.

5. Diesen Vorgang wiederholst du nun so lange, bis deine Feder die gewünschte Länge erreicht hat. Schiebe die Knoten zurecht und ziehe sie nochmals fest.

6. Jetzt kommt der Kamm zum Einsatz. Er hilft beim Glätten und Anordnen der Fäden. Danach werden die Ränder in Form geschnitten. Bei Bedarf kannst du die Fäden zum Schluss mit etwas Haarspray oder Sprühkleber fixieren.

Tipp

Für diese hübschen Federanhänger eignen sich besonders Garn-Reste. Wenn du dir filigranere Federn wünschst, kannst du das Band auftrennen und nur einzelne Fäden verwenden.

3a

3b

4a

4b

5

BUNTE VÖGEL

aus Garn

1. Zu Beginn schneidest du das Garn zurecht. Du benötigst drei Bündel mit gleichlangen Garn-Streifen, ein Bündel davon (dunkelblau und beige gemischt) darf etwas länger sein.

2. Binde das längste Bündel, in diesem Fall das hellblaue, in der Mitte zusammen und schlinge es um das gelbe. Dann schlingst du das gelbe Bündel um das blaue und bindest es ebenfalls zusammen, sodass sich zwei ineinander verschlungene Schlaufen ergeben.

3. Bringe die Enden der beiden Schnurbündel auf der rechten Seite zusammen, sodass die Schlaufen im Profil bereits eine Vogel-Gesichtsform ergeben. Schnüre nun das dritte Bündel, gemixt aus dunkelblauem und beigefarbenem Garn, ebenfalls in der Mitte zusammen und lege es zentriert zwischen die beiden verschlungenen Schnurbündel.

ANFORDERUNG

MODELLGRÖSSE

ca. 3 cm

MATERIAL

Stickgarn in Dunkelblau, Beige und Gelb, 6 cm lang

Stickgarn in Hellblau, 7 cm lang

Draht

Filzbogen in Schwarz

Schere

Nadel

Zange (optional)

Blaumeise – die Freche

Die Blaumeise ist an ihrem blauen Scheitel, den blauen Flügeln und Schwanzfedern sowie ihrer leuchtend gelben Brust zu erkennen. Aber auch an ihrem frechen Verhalten kannst du sie ausfindig machen, z.B. wenn sie sich gerade mit ihren Artgenossen am Futterhäuschen in die Federn kriegt. Du kannst sie auch beobachten, wenn sie an den äußeren Zweigen von Bäumen nach Insekten Ausschau hält. Dabei klettert sie besonders flink – und nicht selten auch mal kopfüber – am Ast entlang. Ihr Nest baut die Blaumeise gerne in Höhlen, du kannst ihr aber auch mit einem Nistkasten ein kleines Zuhause bauen!

4. Dann bringst du die Enden aller Stränge auf der rechten Seite zusammen und verschnürst sie auf Höhe des Schwanzansatzes. Achte darauf, dass der dritte Strang in blau-beige etwas locker liegt und sich eine Flügelform ergibt.

5. Für den Schnabel, schneidest du etwas Filz zurecht und klebst ihn auf die Stelle an der sich das blaue und gelbe Bündel verschlingen. Die Augen des Vogels bestehen aus festgenähten, schwarzen Garnknoten.

6. Zum Schluss formst du die Füße aus Draht und fädelst das Drahtstück durch die Garnstränge am Bauch. Biege den Draht so zurecht, dass der Vogel aufrecht stehen kann.

Tipp

Möchtest du etwas größere Vögel basteln, verwende statt dem Sticktwist einfach normale Wolle oder Textilband. Sollten dir die Vögel dann immer noch zu schmal erscheinen, kannst du ihre Bäuche mit etwas Füllmaterial ausstopfen.

Tipp

Der Garn-Vogel funktioniert nicht nur als Blaumeise, sondern kann sich auch in anderen Farbkleidern sehen lassen.

Tipp

Verwende am besten einen bereits gelochten Topf. So musst du nicht erst mithilfe eines Dremels ein Loch bohren.

VOGELHAUS

aus Holz

1. Zu Beginn wird der Dübel in das Brett eingesetzt. Hierfür markierst du am besten die Stelle, an welcher der Topf auf dem Dübel aufliegt und bohrst ein Loch. Achte darauf, dass das Loch ein bisschen kleiner ist als der Holzdübel. Trage etwas Holzleim auf und drücke den Dübel in die Vertiefung.

2. Als nächstes markierst du die Stelle, an der der Ast auf der Rückseite des Bretts angebracht werden soll. Solltest du ebenfalls einen Bambusast verwenden, achte darauf, dass der Ast eine Zwischenwand hat, in die sich die Schraube einsetzen lässt.

3. Für die Wandhalterung wird auf der Rückseite des Bretts eine Öse befestigt und mit zwei Nägeln fixiert. Je nachdem wo du das Häuschen aufhängen möchtest, ergibt es Sinn, zwei Ösen anzubringen.

4. Sind Ast und Dübel fixiert, kannst du den Topf über den Dübel stülpen und mit der Paketschnur am Brett fixieren. Hierfür verschnürst du Topf und Brett wie ein Geschenk. Anfang und Ende der Schnur an der Brett-Rückseite verschrauben und die Schnur stramm um den Topf wickeln. Fertig ist dein Vogelhaus.

Info

Der perfekte Platz

Am besten platzierst du das Vogelhaus an einem geschützten Platz an der Hauswand, der Garage oder dem Gartenhaus. Du kannst es aber auch an einem Stamm befestigen. Hauptsache, es ist geschützt vor Fressfeinden und Regen.

ANFORDERUNG

MODELLGRÖSSE

50 cm x 12 cm

MATERIAL

- Holzbrett
- Terrakotta-Topf mit Loch
- Bambuszweig oder Ast
- 2 Wandhalterungen
- Paketschnur
- 1 Schraube, lang
- 2 Schrauben, kurz
- 2 Nägel
- Schere
- Hammer
- Holz-Bohrer
- Akkuschrauber
- Zange (optional)
- Draht
- Holzleim
- Holzdübel

MÄPPCHEN

mit Stickerei

ANFORDERUNG

MODELLGRÖSSE

15 cm

MATERIAL

Garn

Stoff-Mäppchen

Schere

Sticknadel

VORLAGE

Seite 72

1. Da das Täschchen recht klein ist und das Stickmotiv filigran, sollte der Faden auch entsprechend fein sein. Beginne am besten mit den Grashalmen. Schneide hierfür einen Faden zurecht und halbiere ihn.

2. Verknote das eine Ende des Garns und stich von innen in das Täschchen. Sticke das Muster nach Vorlage.

3. Bei Farbwechseln kannst du deinen Faden auf der Innenseite mit zwei, drei Stichen unsichtbar vernähen oder erstmal hängen lassen und mit einer anderen Farbe weitersticken.

4. Besonders hübsch wird das Ergebnis, wenn du verschiedene Sticktechniken anwendest.

Stichvarianten

Tipp

Am Anfang eines jeden Stickprojekts steht die richtige Nadelwahl. Für ein leichtes Einfädeln des Garns sollte die Nadel ein großes Öhr haben, sowie dünn und spitz genug sein, damit keine ungewollten Löcher im Stoff entstehen.

VORLAGEN

Stempelkissen aus Moosgummi

Seite 42–43

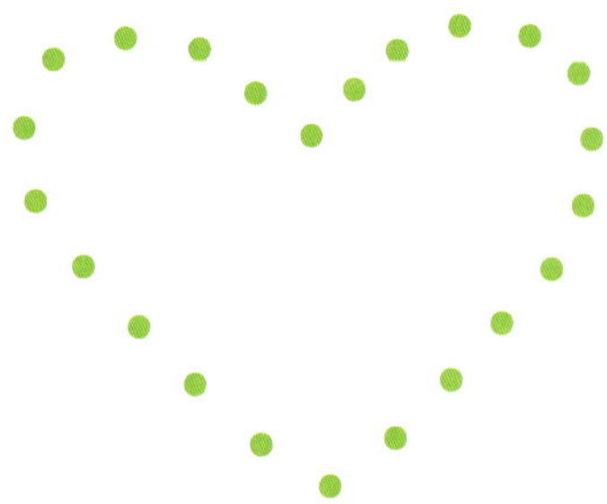

Nagelbild mit Garn

Seite 26–27

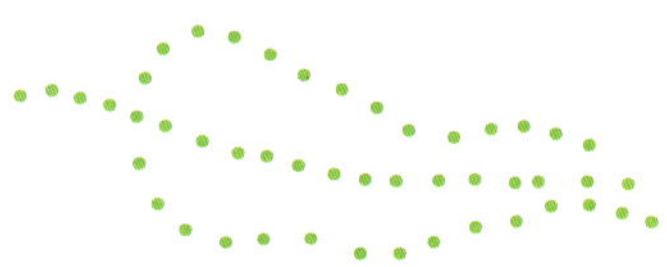

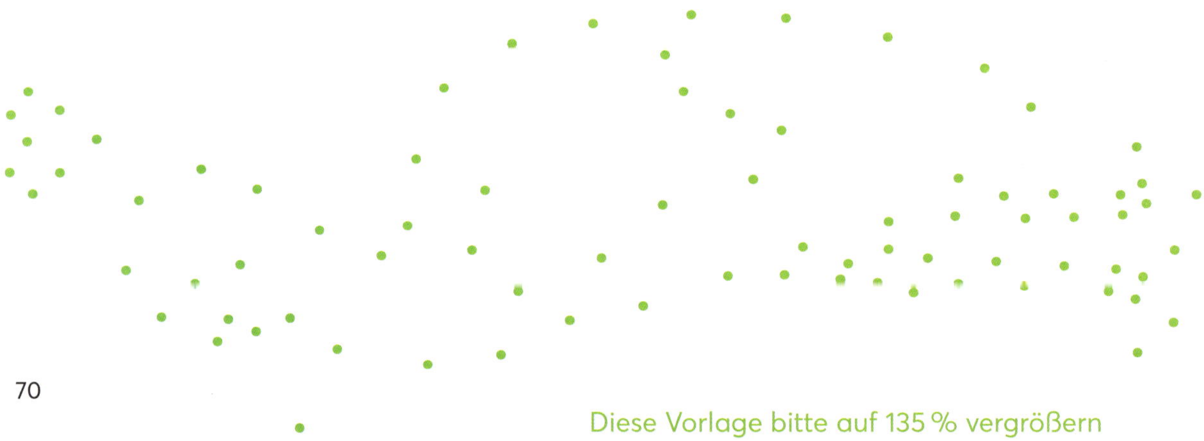

Diese Vorlage bitte auf 135 % vergrößern

Jutebeutel im Stencil-Style

Seite 48–49
Vorlage bitte auf 180 % vergrößern

Scherenschnitt-Grußkarten

Seite 54–55

Diese Vorlage bitte auf 180 % vergrößern

Diese Vorlage bitte auf 270 % vergrößern

Diese Vorlage bitte auf 180 % vergrößern

Buntes Mobile aus Filz

Seite 18–20
Vorlage bitte auf
155 % vergrößern

Mäppchen mit Stickerei

Seite 68–69

I love birds – Bügelperlen

Seite 24–25
Vorlage bitte auf 110 % vergrößern

Buchempfehlungen für dich

Noch mehr Kreativ-Bücher zum gleichen Thema gesucht?

ISBN 978-3-7724-4632-0

ISBN 978-3-7724-4691-7

ISBN 978-3-7724-4692-4

ISBN 978-3-7724-4643-6

ISBN 978-3-7724-4482-1

ISBN 978-3-7724-4545-3

ISBN 978-3-7724-4150-9

ISBN 978-3-7724-4519-4

ISBN 978-3-7724-4966-6

#TOPPPROJEKT

Die eigene Kreativität zeigen: TOPPprojekt mit anderen Kreativen teilen und Teil der Gemeinschaft werden.

DIY begeistert und auf Instagram? Dann unbedingt mitmachen! Hier gibt's Tipps und Feedback zu den eigenen Projekten. Außerdem verlosen wir jeden Monat ein Überraschungspaket. Um am Gewinnspiel teilzunehmen, einfach ein Bild vom Kreativ-Projekt aus unseren Büchern mit #TOPPprojekt posten und unserem Account @frechverlag folgen. Mehr Infos auf TOPP-kreativ.de/TOPPprojekt

Mach mit beim

#TOPPPROJEKT

#TOPPprojekt
@frechverlag

Website
Auf TOPP-kreativ.de kannst du ein riesiges Angebot von über 1.000 Kreativbüchern, Sets & mehr entdecken.

Newsletter
Gleich anmelden unter: TOPP-kreativ.de/newsletter und immer als Erstes von unseren Neuheiten und Sonderaktionen erfahren.

Instagram
@frechverlag

Pinterest
pinterest.com/frechverlag

Facebook
facebook.com/frechverlag

DigiBib
Hier findest du zusätzlich zu vielen unserer Bücher digitale Extras, wie Video-Tutorials, Plotter-Dateien, Vorlagen, Übungsblätter & vieles mehr. Einfach im Impressum deines TOPP-Buchs den Freischalte-Code nachschlagen und exklusive Inhalte freischalten. TOPP-kreativ.de/digibib

Youtube
youtube.com/frechverlag

Simone Beck

Ihre Liebe für Tiere machte die Stuttgarterin Simone Beck schon im Teenageralter zur Vegetarierin, ihre Liebe für Süßes lässt jedoch keinen Schokohasen verschont. Eine ihrer großen Leidenschaften ist es, mit viel Kreativität und Fingerfertigkeit unterschiedlichste DIY- und Designprojekte zu realisieren. Dabei ist Sport in der Natur für sie der ideale Ausgleich zu ihrem hauptberuflichen Management-Alltag und der Weg, neue Energie für die nächste spannende Aufgabe zu finden. Wenn sie nicht gerade an einem neuen Buch arbeitet, dann reist sie vermutlich gerade durch die Welt und unterstützt Tierschutzorganisationen, nachzulesen auf ihrem Blog unter www.tripsolo.de.

WIDMUNG

Für meinen geliebten Papa. Ohne dich wird Vögel beobachten nicht mehr dasselbe sein. Du fehlst.

Die Autorin stützt sich bei den Vogelporträts dieses Buches auf Informationen des NABU – Naturschutzbund Deutschland e.V., dem mitgliedsstärksten Umweltverband Deutschlands. Wenn du noch mehr über unsere heimische Vogelwelt erfahren möchtest, kannst du dich auf der Webseite **http://www.nabu.de/** zu diesem und weiteren spannenden Themen informieren.

KREATIV-HOTLINE

Hilfestellung zu allen Fragen, die Materialien und Bücher zu kreativen Hobbys betreffen: **Frau Erika Noll** berät Sie. Rufen Sie an oder schreiben Sie eine E-Mail!

Telefon: 0711 / 123 757 20* *normale Telefongebühren

E-Mail: mail@kreativ-service.info

IMPRESSUM

FOTOS: frechverlag GmbH, 70499 Stuttgart; lichtpunkt, Michael Ruder, Stuttgart (Modellfotos); Simone Beck (Schrittfotos) ; Shutterstock: Bildagentur Zoonar GmbH (167420234, S. 18), Adrian Eugen Ciobaniuc (1688434501, S. 25), clarst5 (1192624399, S. 29), Eric Isselee (102225475, S. 31), xpixel (1935835315, S. 35), Pascal Halder (1031470459, S. 44), cmnaumann (115819756, S. 52), clarst5 (1560857213, S. 57), Eric Isselee (141794380, S. 63); Freepik (alle weiteren Fotos)

PRODUKTMANAGEMENT UND LEKTORAT: Melissa Portz, Selina Meier

COVERGESTALTUNG: Eva Hook

HERSTELLUNG: Sophia Höpfner

LAYOUT & SATZ: Nina Benjamins, FSM Premedia GmbH & Co. KG

DRUCK UND BINDUNG: Drukarnia Interak Sp. z o.o.

Der Freischaltcode für den Vorlagen-Download lautet: 10508

1. Auflage 2022

ISBN 978-3-7724-4637-5 • Best.-Nr. 4637